성경변개
콜롬비아 솔레다드 감옥
오늘이 슬레이터를 독방에서 꺼내 원래 감방으로 돌려 보내는 날이군.
그 녀석은 독방에서 혼자 썩어야 되는데 말이야.
슬레이터, 너는 독방에 꽤 오래 있었다. 다른 죄수들도 너만큼 오래 있진 않았을 거야.
도대체 너를 독방에서 견디게 만드는 힘이 뭐냐?
증오다.
슬레이터, 방으로 돌아와서 기쁘네.
나는 새로 부임한 목사네.* 자네 어머니께서 이 귀한 성경을 주셨어... 자, 받게.
목사님, 조심하세요. 그 녀석 매우 위험합니다.
* 교도소 담당 목사
고맙소, 목사 양반. 마침 기분이 더러웠는데, 기분 풀게 해줘서 말이요... 내 잘 보관하도록 하죠.
북!
저 저런!
북!
북!
@!!!☆☆! 짐승만도 못한 놈!

일주일 후
((교환)) 티모시 클락 씨, 장거리 전화입니다. 지금 연결해 드리겠습니다.
팀 클락 입니다.
((교환)) 연결되었습니다. 통화하세요.
팀, 저는 아그네스 슬레이터라고 합니다. 4년 전에 당신과 같은 교회에 다니다가, 콜로라도로 이사갔었는데... 기억하시겠어요?
그럼요, 슬레이터 부인. 아드님 이름이 게리, 맞죠?
오, 기억하시는군요. 감사합니다. 팀, 사실은 중요한 부탁을 드리려고 전화했답니다.
말씀하십시오, 슬레이터 부인.
제임스 카터 씨와 함께 제 아들 좀 만나 주시면 안될까요? 아들이 다음 주 목요일 아침 10시에 출옥한답니다.
게리가 감옥에 있다구요?
그래요, 팀... 이야기가 좀 길답니다. 게리에게 직접 들으세요.
게리가 출옥할 때 누군가가 꼭 만나줬으면 합니다.
그 아이는 콜로라도에 가기 전 당신이 알고 있던 그 아이가 아닙니다.
알겠습니다. 감옥이 어딘지 알려 주시죠. 가 보도록 하겠습니다.

목요일 아침, 8시
슬레이터, 나와! 소장님이 부르신다. 빨리 나와!
아, 그 머리 큰 뚱보 말이야? 할 말이 있으면 이리 와서 직접
말하라고 해.
입 닥치지 못해? 안 그러면...
지저분한 손 치우지 못해? 안 그러면 네 놈 이빨을 목구멍 속에 쳐넣고 말 테다.
알았어, 알았어, 슬레이터. 건들지 않을게.
넌 오늘 출옥한다. 소장님이 당부의 말씀 주시려고 부르시는 거야.
슬레이터, 들어와!
멍청아, 어서 문 열지 않고 뭐해?
소장실
@!!!☆☆!
슬레이터, 너는 이 교도소 역사상 최악의 죄수였다. 네가 이곳에 있는 동안 간수들에서 죄수들까지 너를 좋아한 사람은 하나도 없었어. 오늘이 너를 보는 마지막 날이라는 것이 기쁠 뿐이다.
오늘 너는 출옥한다. 다만 밖에서 너를 만나는 사람들이 걱정될 뿐이다. 그들에게 하나님의 가호가 있기를...
내 생각에는, 네가 또다시 다른 신학대학들을 불지르려 할 텐데... 그렇지 않나?
맞소!
간수, 이 쓰레기를 내 방에서 내보내!

이봐, 저게 게리야? 아닌 것 같은데?
지금 10시야. 이 시간에 나오는 사람이 게리 말고 또 있겠나?
세상에... 완전히 딴 사람이 되었군!
이봐, 게리. 자네 게리 맞지? 우리들을 기억하겠나? 팀 클락과 짐 카터야.
이런 이런, 그 교회에서 이 자들을 보냈군. 정말 @!!☆☆! 지금 날 기다리고 있었던 거요?
자네 어머니가 우리에게 자네 좀 만나달라고 하시더군.
무슨 소리야? 나는 당신들을 오라고 한 적 없어! 어머니는 내가 두 살박이 어린애라 생각하시나?
이리 오게, 게리. L.A.까지 데려다 주겠네.
이봐, 이봐. 난 당신들 같은 광신자들과는 차 타고 가지 않을 꺼요. 그냥 버스 타고 가겠소!
아니, 그렇겐 안 되지. 자네는 우리와 함께 가야 해. 생각해 봐. 교통비는 절약할 수 있지 않겠어?
좋아... 하지만 그뿐이야. 그래야 밥이라도 좀 먹지.
30분 후
게리, 도대체 무슨 일이 있었던 거야? 말해 주면 안 돼?
그 얘기를 하면 당신들은 기절해 자빠질 걸? 좋아... 말하지 못할 게 있겠어?

내가 "광명을 찾았던" 때부터 이야기하죠. 나는 완전히 회개했었소. 내 눈은 정말 빛났었지. 온 마음으로 성경을 믿었다니까요.
모든 것이 아름다웠어. 내 모든 죄가 사라져 버렸지. 나는 최고로 훌륭한 설교자가 되고 싶었소. 젠장... 세상에서 가장 훌륭한 설교자 말이오.

예수 그리스도는 내 삶의 주인이 되었죠... 나는 그의 사랑을 이 죽어가는 세상에 전하려 했소.
나는 설교자로 부르심을 받았죠.
그래서 신학교에 갔죠. 신학교를 믿음의 요새라고들 하잖소? 내가 의지하고 따르는 분의 인도로 거길 갔지요. 내 믿음을 더 키우고 싶어서 말입니다.

나는 열심히 공부했어요. 제길... 학점도 계속 "A"만 받았죠. 거리에서 설교도 했다우... 내 마음은 예수 그리스도로 인하여 불타올랐어요. 많은 사람들을 구령하기도 했죠.
어느 어두운 아침 모든 것들이 날아가 버릴 때까진 말이오.
무슨 일이 있었던 건가?
그 일은 강의실에서 일어났어요. 헬라어 교수가 강의를 하고 있었죠. 그런데 난 내 귀를 의심했지 뭐요.
내가 존경하는 그 교수가 말이지... 우리에게 끔찍한 말을 했소. 그를 죽여 버리고 싶을 정도로 끔찍한 말을 말이오.

이런 일이 일어났어요...
여러분이 신학교를 졸업하면, 에... 물론 킹제임스성경으로 설교할 것입니다. 대부분의 사람들이 이 성경을 하나님의 말씀이라고 믿기 때문이지요... 그래요... 그 사람들 말을 인정해 주세요.
-CODEX -B
-VATICANUS
A.V. 1611 KING JAMES
회중들에게는 킹제임스성경이 하나님의 말씀이라고 하세요. 하지만 알아야 합니다. 오직 최초의 원본만이 하나님의 말씀이라고 말입니다. 그리고 안타깝게도... 그 원본은 오래전에 사라져 버렸죠.
주의해서 말하세요. 평신도들은 이런 것을 이해하지 못합니다.

교수님, 질문 있습니다.
뭐죠, 슬레이터군?
죄송하지만, 잘 이해를 못하겠습니다. 저는 제가 갖고 있는 이 킹제임스성경이 하나님의 말씀이라고 믿었습니다.
그것이 제가 그리스도인이 된 이유입니다.

교수님 말씀은, 이 성경이 바뀌어야 한다는 것이고 헬라어 원본이 더 좋다고 말씀하시는 것 같습니다.
오늘날 우리 주변에는 많은 번역본들이 있습니다. 말씀해 주십시오. 도대체 어떤 성경이 하나님의 말씀입니까?

진정한 의미에서는... 어떤 것도 아니네.
이미 말했듯이, 하나님의 말씀이란 오직 최초의 원본에만 한정된 것이라네.
그리고 알다시피 원본은 사라져 버렸어.
이 보세요, 교수님... 교수님은 지금 제 마음을 무너뜨리셨습니다. 저는 제가 지금 듣고 있는 말을 도저히 믿을 수가 없습니다.
제가 보니, 교수님은 이 책을 믿고 있지 않습니다.
그렇다면 학장님은 어떻습니까? 학장님도 이 성경을 하나님의 말씀이라고 믿지 않으시나요?
그래, 그렇다네.
교수님은 이 성경을 박박 찢어도 놀라실 것 없겠네요...
교수님 말씀에 따르면, 제가 갖고 있는 이 킹제임스 성경은 쓰레기 더미에 불과하겠네요... 이건 거짓말로 가득 찬 책 아닙니까?
그것이 사실이라면, 이 학교는... 제길... 거짓말 위에 세워진 학교겠네요... 교수님 당신을 최고의 사기꾼으로 만들어 주는 학교 말입니다!
당신은 더러운, 두 얼굴을 가진 위선자에 불과합니다!
내 일찍이 강의실에서 이 같은 말은 들어본 적이 없네.
계속 이상한 말을 지껄이면 자네를 쫓아낼 거야...
나에게 다가오지 말게, 슬레이터!!

* "기초들이 무너지면 의인이 무엇을 할 수 있으랴?" 시편 11:3

그래서 나는 가중폭행죄와 살인 미수와 방화죄로 10년형을 구형받았죠.

그리고 지금 형무소에서 나왔고... 일이 이렇게 된 거요. 섣불리 나를 설득시키려 들지 않는 게 좋을 겁니다.
보다시피... 나는 진실을 깨달았소.
게리, 자네는 깨달은 게 아니야. 오히려 어리석은 비둘기같이 속은 거지. 멍청한 친구 같으니라구...
뭐라구? 내가 속은 거라구? 이봐요, 도대체 무슨 말을 하는 겁니까?
65 MILES TO ANDERSEN'S
안됐지만 게리... '알렉산드리아 이단' 에 속아 타락한 사람이 자네가 처음이 아냐. 자네가 마지막 희생자
이기를 바랄 뿐이라네.
곧 부엘톤에 도착하네. 거기서 전문가를 만나 보세나.
젠장 @!!☆☆! ... '알렉산드리아 이단' 은 또 뭡니까?
우리가 더 낫지 않을까?
왜죠?
게리, 자네는 지금 흥분되어 있어. 자네가 어떤 상황에 떨어져 있는지 자세히 알게 된다면 아마 미쳐 버릴 걸?
아니요. 부엘톤에 가겠소.

거의 다 왔어. 5분만 더 가면 돼.
그 전문가 양반 이름이 뭐요?
힐만 박사라네.
제임스, 팀, 이 얼마만인가? 반갑네... 그런데 이 신사분은 누구신가?
게리 슬레이터라고 합니다.
게리, 만나게 되어 정말 반갑소. 자, 안으로 들어와요.
힐만 박사님, 게리는 알렉산드리아 이단에게 속아서 신학교에 불을 질렀습니다.
알 만하네... 그런 일은 언제나 일어나지.
답답합니다. 자세히 좀 설명해 주세요.
들어봐요, 게리... 사람들의 마음속에서는 치열한 전쟁이 벌어지고 있습니다.
그 전쟁은 에덴 동산에서 시작되었지요... 사탄이 던진 첫 번째 질문이 바로 당신의 믿음을 파괴시킨 겁니다.
그 질문이 뭐죠?

에덴의 동산에서 하나님께서는 다음과 같은 명령을 내려 주셨습니다.
"동산의 모든 나무에서 나는 것을 네가 마음대로 먹을 수 있으나..."
"선과 악의 지식의 나무에서 나는 것은 먹지 말라..."
"네가 거기서 나는 것을 먹는 날에는 반드시 죽으리라."
창세기 2:16,17
이제 사탄이 어떻게 하나님의 말씀에 의심을 불어넣었는지 주목해 보십시오.
창세기 3장에서, 사탄은 이브를 유혹하여 이렇게 말합니다.
"참으로 하나님께서 말씀하시기를... 하시더냐?"
마귀는 하나님의 말씀에 '의문'을 던져 줌으로써 이브를 속였습니다.
사탄이 던진 이 질문은 이브로 하여금 하나님의 명령에 불순종하도록 만들었습니다... 이에 대해 인류가 지불해야 할 대가는 질병과 전쟁과 고통과 죽음이었습니다.
그때로부터 지금까지 전체 역사를 통해 볼 때, 사탄은 이와 똑같은 질문을 던짐으로써 하나님의 말씀에 대한 성도들의 믿음을 파괴해 오고 있습니다.
예수님께서 지상에 계셨을 때, 그분은 제자들에게 이렇게 말씀하셨습니다.
"하늘과 땅은 없어져도 내 말들은 결코 없어지지 아니하리라."*
* 마태복음 24:35
이 말씀에 따르면, 하나님께서는 그분의 말씀을 오늘날 우리에게도 똑같이 주신 것입니다. 하나님께서는 결코 거짓말하지 않으십니다.
잠깐만요! 그러니까 당신 말은, 완벽한 하나님의 말씀이 지금 이 시대에도 존재한다는 말입니까?
그래요, 게리. 하지만 바로 그 사실이 사탄이 분노하는 이유죠.
사탄이 그의 추악한 손을 절대 뻗칠 수 없는 성경이 단 하나 있습니다. 그 성경은 다른 번역본들처럼 취급될 수 없습니다.

성경 말씀은 사도들이 마음속으로 생각한 것들을 기록한 것이 아닙니다.* 성경이 처음 기록될 때 그 모든 말씀들은 하나님께서 주신 말씀들입니다.** 인간들은 단지 기록하는 도구에 불과했죠.
* 고린도전서 2:9-13 ** 베드로후서 1:21
이 모든 말씀들 중 없어져도 될 만큼 가치없는 것은 한마디도 없습니다.
하지만 사도 바울은 그의 서신에서, 이미 어떤 사람들이 하나님의 말씀을 변개시키고 있다는 것을 밝혀 놓았습니다. (고린도후서 2:17 참조)
대부분의 사도들이 죽고 요한만이 살아 있게 되었습니다. 그는 팟모 섬에 유배되어 있었는데, 그는 그곳에 있는 동안 어떤 사본들이 진정한 하나님의 말씀인지를 성도들에게 알려 주었습니다.*
요한은, 자기가 죽은 후 사탄이 성경을 파괴할 것이라는 사실을 잘 알고 있었습니다.
* 데이비드 풀러(David Otis Fuller) 저, 〈어떤 성경?, *Which Bible?*〉
이제 참된 성경이 예수 그리스도의 참된 제자들의 손에 안전하게 있게 되었습니다. 시간이 흐르자 사람들은 성경을 필사하기 시작했습니다. 이 일은 두려움과 떨림 가운데 이루어졌는데, 이는 그들이 성경을 고치는 자들에게 임할 하나님의 저주를 익히 알고 있었기 때문입니다.*
우리는 이 성경이 복사되기를 몇 달 동안이나 기다렸습니다.
안전한 곳에 확실하게 숨겨야 합니다.
이렇게 해서 하나님의 말씀은 점점 더 퍼져나갔습니다.
* "또 누구든지 이 예언의 책의 말씀들에서 삭제하면 하나님께서 생명의 책과 거룩한 도성과 이 책에 기록된 것들에서 그의 부분을 제하여 버리시리라."
요한계시록 22:19
당시는 로마 제국이 세상을 지배하고 있었습니다... 로마의 종교는 바빌론과 이집트에서 시작된 바알 숭배 종교의 한 형태였습니다*... 네로는 자기 자신을 신이라 여겼습니다.
내가 신이 아니더냐?
분명, 신이십니다.
그런데 예수를 따르는 자들이 나에게 경배하지 않아. 그들을 죽여 버리도록!
분부 받잡겠나이다, 황제 폐하!
이렇게 해서 대학살이 시작되었습니다.
* 알렉산더 히슬롭 저 〈두 개의 바빌론, *The Two Babylons*〉, pub by Chick Publications, pp. 74,75, sec. III, The Mother of the Child

주 예수 그리스도께서는 일찍이 제자들에게, 앞으로 수세기 동안 그들은 고난과 비난과 모욕을 당하게 된다는 사실을 경고해 주셨습니다... “그때에 사람들이 너희를 고난받도록 넘겨주며 죽이리라. 또 너희는 내 이름을 위하여 모든 민족에게 미움을 받으리라.”
마태복음 24:9
만약 그리스도의 복음이 승리하게 된다면, 로마에 있는 이교도 신전들과 제단들은 없어져 버릴 것이 분명했습니다.
이 그리스도인이라는 자들은 모든 것을 비난하며 다닌다. 지진이 난데나, 기근이 온데나, 질병이 온데나... 우리는 모든 시민이 그들을 대적하도록 만들어야 해!
이 반역자들이 어디 숨어 있는지 고발하는 사람들에게는 큰 상금을 내리도록 하라! 그들의 행위를 당장 중지시키도록!

이것이 마지막 기회다. 예수를 부인하라. 안 그러면 불타 죽는다!
우리는 우리의 구주를 위해 고난받고 순교하는 영광을 주신 하나님께 감사하노라.
우리는 결코 예수님을 부인하지 않을 것이다!
그러면 죽어라! 어리석은 놈들!
어떤 이들은 맹수들에게 던져졌고, 어떤 이들은 십자가형을 받았습니다. 또 어떤 이들은 들짐승의 가죽을 뒤집어 쓰고 투기장에 던져졌습니다. 그러면 사냥개들이 그들을 물어뜯었습니다.

엄마, 오늘은 그리스도인들이 사자 밥이 되는 걸 구경하는 거예요?
그래, 얘야, 아주 재미있는 구경이 될 거란다. 서두르자. 그 장면을 놓치면 안되잖니?
이 장면은 당시 로마 시민들 오락의 하이라이트라고 말할 수 있습니다. 많은 군중들이 그리스도인들의 죽음을 보러 왔습니다. 그리스도인들의 죽어가는 신음과 고통스런 비명은 군중들의 환호와 갈채 속에 묻혀 버렸습니다.

잔혹한 대박해의 시대가 열렸습니다... 군인들은 어디서든지 이 '반역자' 들을 찾아다녔습니다.
로마 시 외곽 언덕 아래에 어두운 동굴이 있었습니다. 이곳은 그리스도인들의 비밀 통로였는데, 몇킬로미터에 이를 만큼 길고 또 여러 굴들이 서로 거미줄처럼 연결되어 있습니다. 이 음산한 동굴이 바로 이 수많은 그리스도인들의 거주지가 되었습니다. 그들은 여기에서 하나님께 경배했으며, 죽은 성도들을 묻기도 했습니다. 이 장소는 "카타콤"이라 불립니다.
그들이 고난을 겪을수록 성도들은 더욱더 하나가 되었고, 또 그들의 주님께도 더욱 가까이 다가갔습니다.

그들은 매우 담대했습니다. 박해*가 심해질수록 그리스도인들은 더욱 담대해졌습니다. 그리스도에 대한 사랑은 널리 퍼져갔으며, 그들은 자기들의 목숨보다 주님을 더 사랑했습니다.
수천 명을 감옥에 가두고 또 죽였지만, 그리스도인들은 전혀 사라지지 않았습니다. 박해는 그들을 멸절시키는 대신 오히려 더욱 성장하게 했습니다.
저 사람들을 봐! 노래하고 있어! 도대체 저들은 뭘 믿는 거지?
나도 저들처럼 뭔가 가치있는 것을 위해 죽고 싶어!
드디어 사탄은 그리스도인들의 확산을 저지할 방법을 고안해 내었습니다.
그것은 오늘날에도 사용되는 방법으로, 매우 매력적인 방법입니다.
*그들을 괴롭히거나, 비참하게 하거나, 생명을 잃을까 두려워하게 하는 것

사탄이 사용한 방법이 란 뭐죠, 힐만 박사님?
우선, 그리스도인들에 대한 박해를 멈춘 것이지요. 이 일은 A.D. 313년에 일어났습니다.
그런 다음, 우리에게 주신 말씀을 거의 완벽하게 파괴시키는 것입니다. 그 말씀에 사탄의 종교를 섞어 놓음으로 말이죠.
무슨 말인지 통 모르겠습니다.
사탄은 기독교에 바알 숭배 신앙을 섞어 버렸습니다. 게리, 내 차분히 설명해 드리지요.
알다시피, 창세기 6장에서 9장을 보면, 대홍수에 대한 기록이 있습니다. 온 땅은 심히 부패했으며, 이 세상에 의로운 사람이란 오직 노아 한 명밖에 없었습니다.
하나님께서는 노아에게 방주를 만들라 하셨으며, 홍수가 일어났을 때는 노아 부부와 세 아들, 즉 셈, 함, 야펫과 그들의 아내들, 그리고 동물들만 방주에 들어갔습니다. 이들 8명만이 유일한 생존자들이죠.
크루세이더 시리즈 7 〈노아의 방주〉 참조
홍수가 끝나고 노아가 죽은 후, 그의 후손들은 땅에 널리 퍼지기 시작했습니다. 노아를 이어받아 하나님을 섬긴 사람은 노아의 아들 셈이었습니다.
셈은 대홍수를 지나는 동안 하나님의 두려우심을 보았고, 하나님께서는 절대로 죄를 간과하지 않으신다는 사실을 잘 알게 되었습니다.
하지만 이 일은 오래 가지 않았습니다. 후에 노아의 손자요 함의 아들 중 쿠스라는 사람이 나왔는데, 이 사람은 사탄이 점찍어 둔 바로 그 사람이었습니다.

위의 내용은 알렉산더 히슬롭의 〈두 개의 바빌론, *The Two Babylons*〉(칙 출판사)에서 자세히 설명되어 있음.

세미라미스는 매우 교활했으며, 사탄 숭배는 은밀히 진행되었습니다. 하지만 그 추종자들은 그들의 믿음에 대한 대가를 지불해야 했으니, 그것은 그들이 행한 잘못들을 세미라미스의 제사장들에게 고백해야 한다는 것입니다. 이 의식은 오늘날 "고해성사"라고 불립니다.
이 일은 누구에게도 말하지 않는 건데...
저를 믿으세요.
그러나 모든 것을 말한 후, 그들은 큰 위협을 받게 됩니다. 왜냐하면 사제가 모든 것을 폭로할 수 있기 때문입니다. 이렇게 해서 세미라미스는 백성들을 효과적으로 통제할 수 있게 되었습니다.
세미라미스는 님롯이 "바알," 즉 태양신이 되었다고 주장했습니다. 사람들은 이를 받아들였고, 그녀는 "하늘의 여왕"이 되었습니다. 세미라미스는 사람들의 마음을 사로잡은 것입니다.
곧이어 세미라미스와 그 아들의 모습을 담은 신상들이 등장했습니다. 그 아들, 즉 아들이자 남편인 태양신 님롯의 형상 말입니다. 세미라미스는 이 일을 효과적으로 수행했고, 바알 숭배는 급속도로 퍼져 나갔습니다.
(열왕기상 18장 참조. 바알은 사탄, 즉 마귀의 또 다른 이름이다.)
이집트에서 세미라미스는 하늘의 여왕 "이시스"라 불리며, 그녀의 남편이자 아들인 님롯은 "오시리스"*라 불립니다. "호루스"라고도 불리는 그는 태양신입니다.
이 종교는 세계적으로 퍼져 있습니다. 중국에서 그녀는 "싱무"(성모)라 불리며, 고대 페니키아에서는 "아스토렛"이라 불렸습니다. 소아시아에서는 "다이아나"로 알려져 있습니다.
*번센(Bunsen)의 〈이집트, *Egypt*〉 (Printed in London, 1848) vol.1, p.438
위의 내용은 알렉산더 히슬롭의 〈두 개의 바빌론, *The Two Babylons*〉(칙 출판사)에서 자세히 설명되어 있음.
좋아요. 게리. 지금까지는 바알 숭배의 배경에 대해 설명했습니다. 이제 다시 로마 시대로 돌아가, 그리스도인들에 대한 박해가 멈춘 일에 대해 보도록 하죠.
오, 너무 심각한 얘기였어요.
로마는 서서히 몰락하고 있었습니다. "카이사"*들은 군대와 권력을 잃을 수밖에 없었죠. 그들은 이 일을 효과적으로 대비하고 있었습니다.
바로 그들의 모습을 바꿔서 종교 지도자가 되어 버리는 것입니다. 그러면 백성들을 계속 통치할 수 있게 되지요.
*로마 황제들

* 램시 맥 뮬렌 저 〈콘스탄틴, *Constantine*〉, p. 112

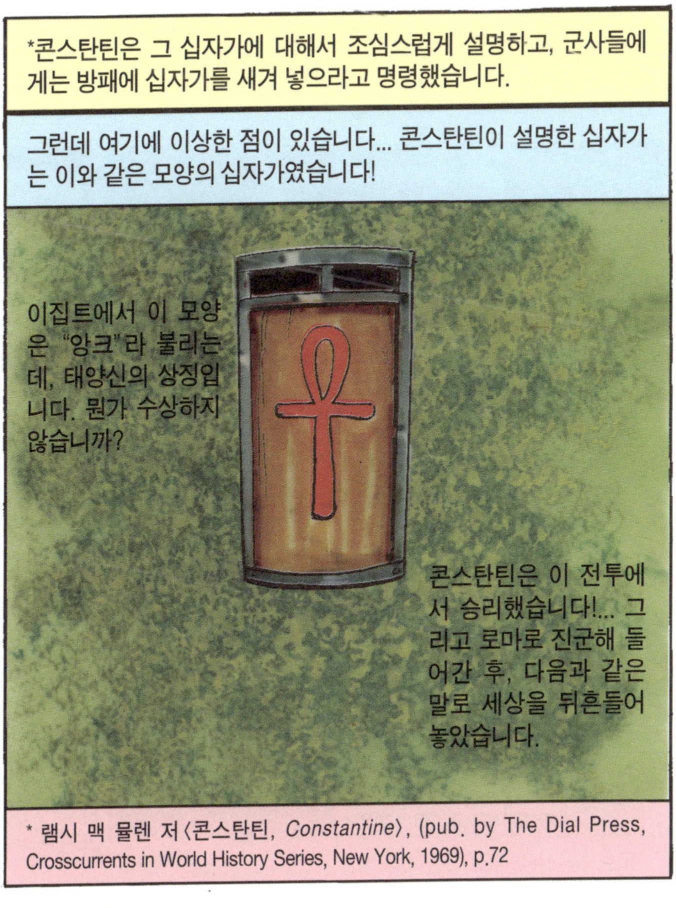

*〈종교 백과사전, *Religious Encyclopedia*〉, (Schaff-Herzog, pub. by Baker Book House 1967), p.477

** 죄에 대해서 진심으로 통회하고 예수 그리스도께 돌이키는 것
*** 로마카톨릭의 교리에 대해 의문점이 있으면 〈두 개의 바빌론〉(히슬롭 저)과 〈로마 교회에서의 50년〉(치니키 저)을 참조할 것(칙 출판사)

* 바울이 안부를 묻는 로마서 16장을 볼 것.

* 베드로는 예루살렘에 묻혔다. 본 시리즈 〈대부〉(p.6) 참조

콘스탄틴은 성경 50권을 만들라고 했습니다.
이제 사탄이 이 일에 어떻게 개입했는지 알려 드리지요.
시리아에 안티옥이라는 도시가 있습니다. 이곳은 성도들이 처음으로 "그리스도인"*이라 불렸던 곳입니다. 이곳에 있는 참된 성도들은 성경의 원본들을 정확하게 복사하고 있었습니다.
안티옥
시리아
쿠프로
지중해
팔레스타인
알렉산드리아
이집트
이 안티옥에서 여러 선교사들**이 이집트 알렉산드리아로 파송되었습니다. 알렉산드리아는 당시 세계에서 두 번째로 큰 도시였습니다.
*사도행전 11:26,
**사도행전 13:1-4
알렉산드리아는 사탄이 점거하고 있는 지역이었습니다. 이집트*가 이시스(하늘의 여왕)와 호루스(태양신)의 땅임을 기억하십시오. 당시 그곳은 바알 숭배의 중심부였습니다.
피라미드
앙크십자가
모든것을 보는 호루스의 눈
이시스와 태양신
오벨리스크... 님롯 혹은 태양신의 상징
주의 : 이러한 것들은 사탄숭배자들이나 프리메이슨 회원에게는 매우 중요한 상징물들이다.
당시 세상의 사상과 학문은 알렉산드리아가 주도하고 있었습니다. 그곳의 학자들은 자신들이 매우 지혜롭다고 자부했습니다. 그들은 스스로를 "영지주의자"라 불렀습니다. (뉴만의 〈교회사〉 vol.1)
이 말의 의미는 자기들만이 천상의 지식을 가진 사람들이라는 뜻입니다. 그러니까 그들 그룹에 속하지 않은 사람들은 아무것도 아니라는 말입니다. (골로새서 2:8과 디모데전서 6:20을 볼 것)
이러한 그들의 눈으로 볼 때, 안티옥에서 온 복음전도자들은 어리석은 바보들일 뿐이었습니다.
성경에서 이집트는 "세상"에 대한 모형이다. 하나님께서는 이스라엘도, 또 그분의 아들 예수님도 그 땅에 남아 있지 않게 하셨다(출애굽기 15장, 마태복음 2장).

필사본들과 연관되어 더 깊은 연구가 필요하면 다음의 책들을 참조할 것

Which Bible? by David Otis Fuller, D.D., Institute For Biblical Textual Studies, 6010 28th St.Se, Grand Rapids, MI 49546

God Only wrote One Bible by J.J. Ray, The Eye Opener Publishers, P.O. Box 7944 Eugene, OR 97401

Manuscript Evidence by P.S. Ruckman, Bible Baptist Bookstore, P.O. Box 7135 Pensacola, FL 32534

The King James Version Defended by Edward F. Hills, TH.D. The Eye Opener Publishers, P.O. Box 7944 Eugene, OR 97401

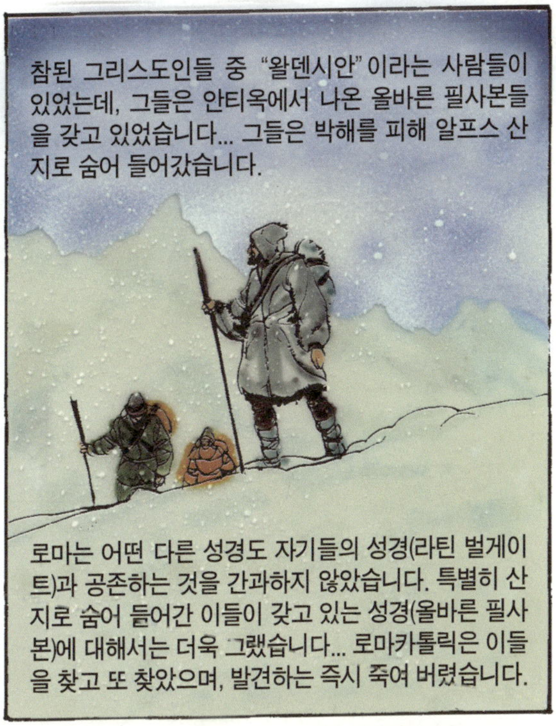

경기장에서 죽임당하고 카타콤에서 숨어 살았던 로마의 초기 그리스도인들이 이 광경을 보게 된다면 얼마나 충격적이겠습니까? 그리스도인이라 하는 자들이 그리스도인들을 죽이고 있으니 말입니다.

이제 커다란 변화가 생겼습니다. 이교도들은 그들이 섬기던 신상들, 즉 세미라미스(하늘의 여왕)와 님롯(바알, 즉 태양신)의 신상들을 교회 안으로 가지고 들어왔습니다. 단지 하늘의 여왕인 동정녀 마리아와 아기 예수로 이름만 바꾸어서 말입니다. 세미라미스와 님롯에 의해 시작된 바알 숭배는 성공적으로 로마카톨릭 안에 이식된 것입니다.

주목할 만한 사실은, 1950년에 로마카톨릭 교회는 동정녀 마리아를 그리스도와 함께한 "공동 구세주"*와 "공동 구속주"**로 승격시킨 것입니다. 이것은 그녀를 여신으로 만들어 버린 것이며, 그것은 정확히 세미라미스***와 같습니다.

* 마리아의 무염시태 교리(마리아가 원죄 없이 태어났다는 것), 1854
** 마리아의 몽소승천 교리(마리아가 죽지 않았다는 것), 1950
*** 알렉산더 히슬롭의 〈두 개의 바빌론〉 중 『어린 아이의 어머니』 참조

로마카톨릭 집단은 마리아의 주권에 대해서 성경과 정반대로 이같이 말하고 있습니다. "마리아는 하늘과 땅의 여왕이시다. 가장 완전한 여왕으로서 마리아는 충만한 광채 가운데서 다스리신다. 이는 그녀가 하늘에서 몸과 영혼 전체로 완벽하게 거하시는 분이기 때문이다."****

하지만 성경은 하늘의 여왕을 숭배하는 것을 금하고 있습니다(예레미야 7,44장).

자세한 내용은 〈로마카톨릭의 거짓교리들, *Understanding Roman Catholicism*〉(릭 존스 지음, 칙 출판사, 말씀보존학회 번역 출간)과 〈마리아 신화, *Myth of Mary*〉(세사르 비달 지음, 칙 출판사) 참조

**** 〈카톨릭 교리 속의 마리아, *Mary in Doctrine*〉, (Father Emil Neubert 지음, pub. by Bruce Publishing Co.), p.246

하지만 왈덴시안은 복음 전파자들이었습니다. 그들은 알프스에서 내려와 로마카톨릭 신자들에게 성경을 전해 주었습니다.
하나님의 말씀입니다.
이게 뭡니까? "하나님께서 세상을 이처럼 사랑하셔서 그의 독생자를 주셨으니..."(요한복음 3:16)
오, 이같이 아름다운 말씀은 이제껏 듣지 못했습니다.
카톨릭 신자들은 예수님께서 그들을 사랑하신다는 말씀을 보고는 놀랐습니다. 그들은 믿었고 마음과 생애를 주님께 드렸습니다. 또한 하늘 나라에 간다는 사실을 성경을 통해 확신했습니다(요한일서 5:13).
로마의 분노는 극에 달했습니다... 그래서 왈덴시안과 그 성경을 멸하기 위해 전면전을 선포하게 되었습니다.
저기 하나 도망간다. 저 여자를 죽여! 하나님의 이름으로 죽여 버려!
그들은 죽임을 당했으나, 그 와중에도 몇몇 사람들은 성경을 갖고 도망쳤습니다... 이와 같은 핍박을 받은 그리스도인들로는 왈덴시안 외에도 보고마일, 도나티스트, 재침례교도, 알비겐스 등이 있습니다.
이제 교황과 로마카톨릭 집단의 막강한 권세 앞에 설 수 있는 것은 아무것도 없어졌습니다.
국왕 폐하... 교황 성하께서 불쾌해 하십니다.
이런, 이런... 성하께서 화가 나셨다고요? 그분을 위해서라면 뭐든지 하겠소... 뭐든지요!
모든 왕들은 교황을 두려워했습니다. 그러는 동안 로마는 백성들을 더 강력히 지배하기 위해 "종교재판"*이라는 것을 고안해 내었습니다.
* 종교재판 : 하지 않은 일을 했다고 말할 때까지 끔찍한 고문으로 심문했음.
잠깐만요, 힐만 박사님. 종교재판이라뇨? 처음 듣는 말인데요?
대부분의 젊은이들은 이에 대해 들어 보지도 못했지요. 로마카톨릭 집단은 항상 스스로를 아름다운 일들로 포장하고 있으니까요.

* 이 특별한 집단이란 "도미니크 수도회"를 말함. 종교재판소의 핵심 세력

그들은 자신이 이단이라고 자백할 때까지 고문을 당했습니다. 그리고 자백한 후에는 일반적으로 화형에 처해집니다. 물론 그의 땅과 재산은 교회와 국가가 나누게 됩니다.

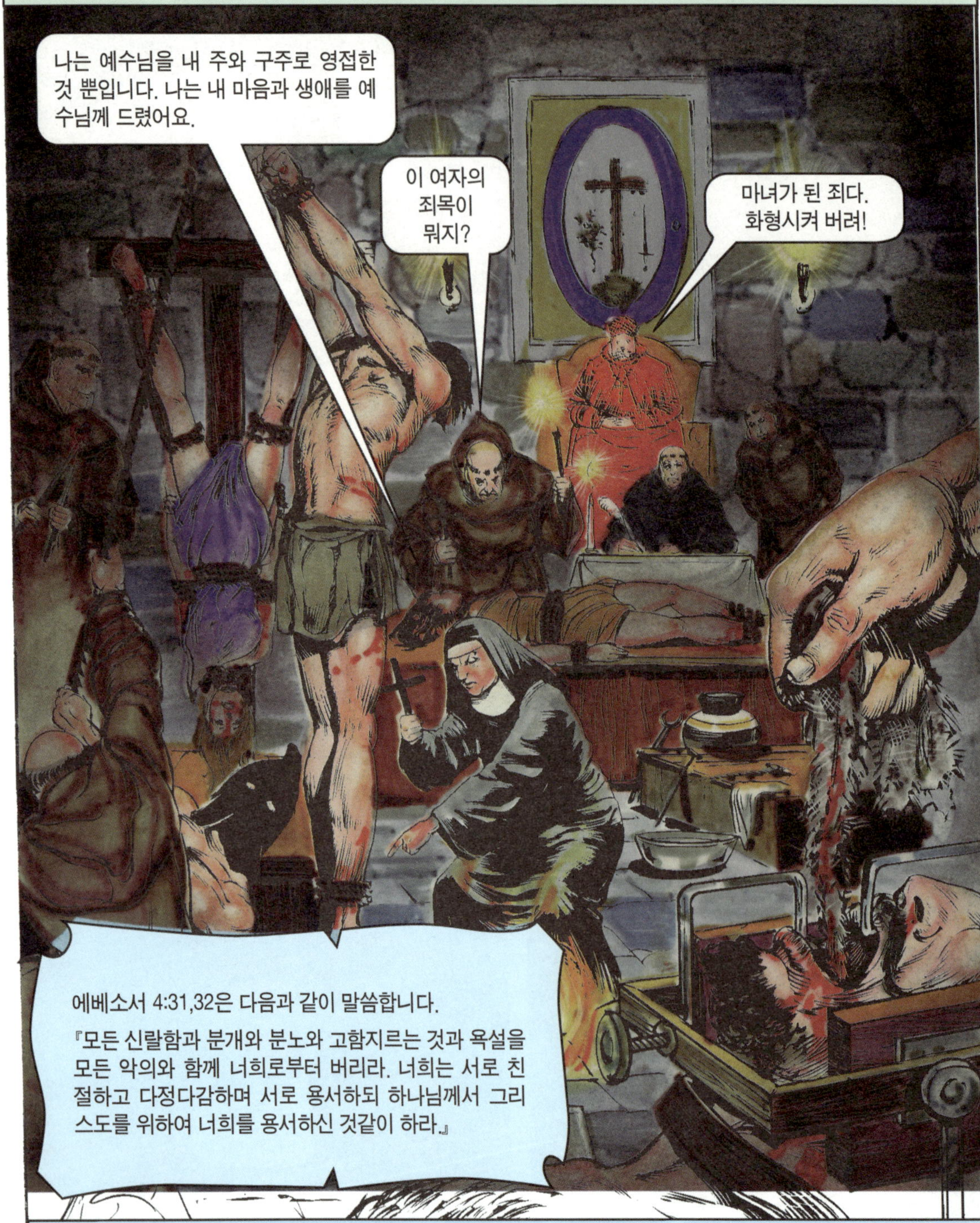

이 끔찍한 종교재판은 멕시코와 라틴 아메리카에서도 시행되었으며, 1800년대가 되어서야 중지되었습니다. 이때까지 희생된 사람들의 수는 대략 6,800만 명* 정도로 알려져 있습니다.

오늘날 이런 일이 있었는지 아는 사람은 거의 없습니다. 모든 것들은 은폐되어 있고 카톨릭은 철저히 미화되어 있습니다.

* 존 윌버 저 〈로마의 이면, *The Other Side of Rome*〉, (pub. by Zondervan Publishing House, Grand Rapids, MI 49506. p.153). 전직 예수회 신부였던 리베라 박사도 이 수치가 정확하다는 데에 동의한다.

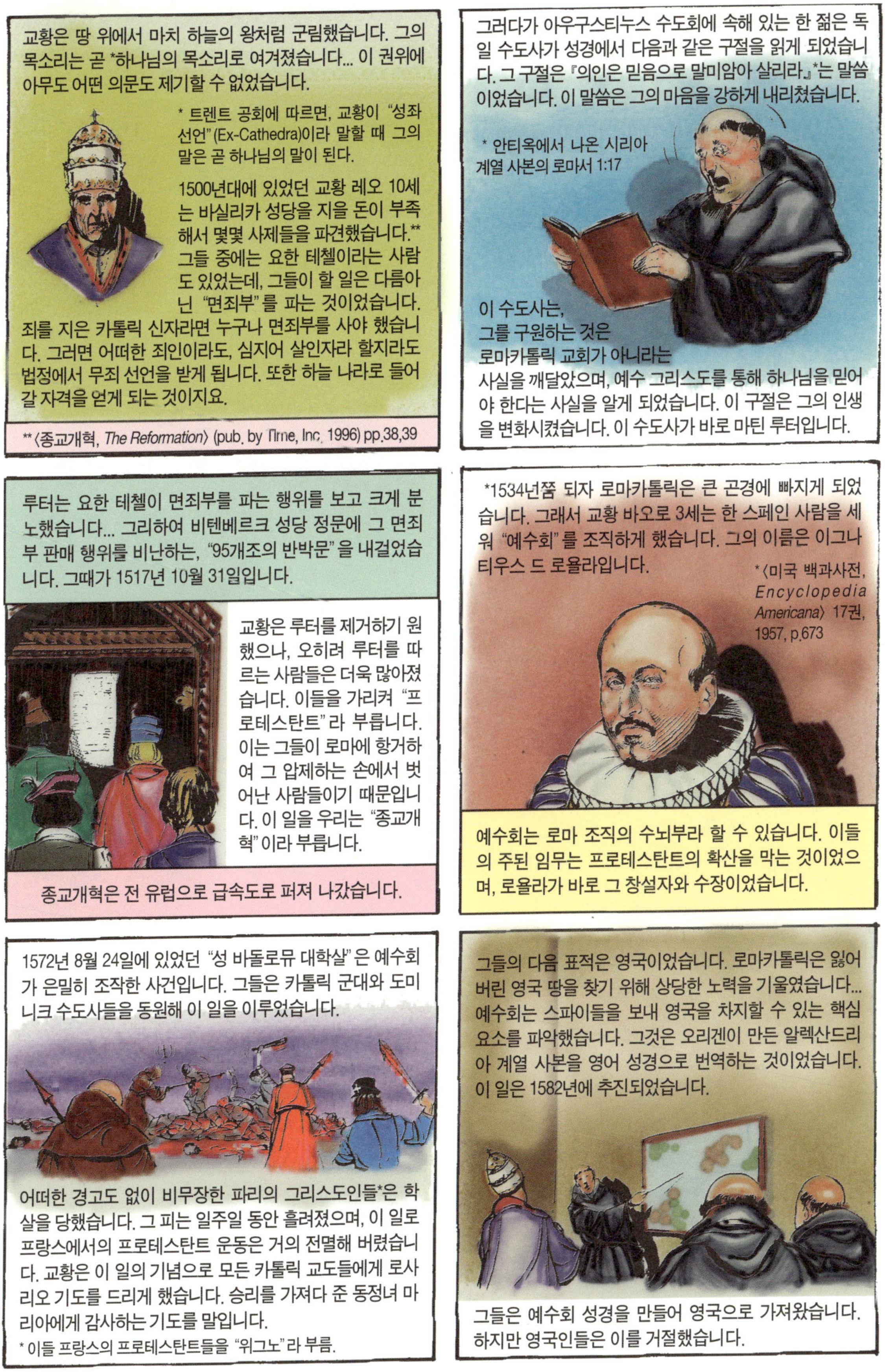
교황은 땅 위에서 마치 하늘의 왕처럼 군림했습니다. 그의 목소리는 곧 *하나님의 목소리로 여겨졌습니다... 이 권위에 아무도 어떤 의문도 제기할 수 없었습니다.
* 트렌트 공회에 따르면, 교황이 "성좌 선언"(Ex-Cathedra)이라 말할 때 그의 말은 곧 하나님의 말이 된다.
1500년대에 있었던 교황 레오 10세는 바실리카 성당을 지을 돈이 부족해서 몇몇 사제들을 파견했습니다.** 그들 중에는 요한 테첼이라는 사람도 있었는데, 그들이 할 일은 다름아닌 "면죄부"를 파는 것이었습니다.
죄를 지은 카톨릭 신자라면 누구나 면죄부를 사야 했습니다. 그러면 어떠한 죄인이라도, 심지어 살인자라 할지라도 법정에서 무죄 선언을 받게 됩니다. 또한 하늘 나라로 들어갈 자격을 얻게 되는 것이지요.
**〈종교개혁, The Reformation〉(pub. by Time, Inc. 1996) pp.38,39
그러다가 아우구스티누스 수도회에 속해 있는 한 젊은 독일 수도사가 성경에서 다음과 같은 구절을 읽게 되었습니다. 그 구절은 『의인은 믿음으로 말미암아 살리라』*는 말씀이었습니다. 이 말씀은 그의 마음을 강하게 내리쳤습니다.
* 안티옥에서 나온 시리아 계열 사본의 로마서 1:17
이 수도사는, 그를 구원하는 것은 로마카톨릭 교회가 아니라는 사실을 깨달았으며, 예수 그리스도를 통해 하나님을 믿어야 한다는 사실을 알게 되었습니다. 이 구절은 그의 인생을 변화시켰습니다. 이 수도사가 바로 마틴 루터입니다.
루터는 요한 테첼이 면죄부를 파는 행위를 보고 크게 분노했습니다... 그리하여 비텐베르크 성당 정문에 그 면죄부 판매 행위를 비난하는, "95개조의 반박문"을 내걸었습니다. 그때가 1517년 10월 31일입니다.
교황은 루터를 제거하기 원했으나, 오히려 루터를 따르는 사람들은 더욱 많아졌습니다. 이들을 가리켜 "프로테스탄트"라 부릅니다. 이는 그들이 로마에 항거하여 그 압제하는 손에서 벗어난 사람들이기 때문입니다. 이 일을 우리는 "종교개혁"이라 부릅니다.
종교개혁은 전 유럽으로 급속도로 퍼져 나갔습니다.
*1534년쯤 되자 로마카톨릭은 큰 곤경에 빠지게 되었습니다. 그래서 교황 바오로 3세는 한 스페인 사람을 세워 "예수회"를 조직하게 했습니다. 그의 이름은 이그나티우스 드 로욜라입니다.
*〈미국 백과사전, Encyclopedia Americana〉 17권, 1957, p.673
예수회는 로마 조직의 수뇌부라 할 수 있습니다. 이들의 주된 임무는 프로테스탄트의 확산을 막는 것이었으며, 로욜라가 바로 그 창설자와 수장이었습니다.
1572년 8월 24일에 있었던 "성 바돌로뮤 대학살"은 예수회가 은밀히 조작한 사건입니다. 그들은 카톨릭 군대와 도미니크 수도사들을 동원해 이 일을 이루었습니다.
어떠한 경고도 없이 비무장한 파리의 그리스도인들*은 학살을 당했습니다. 그 피는 일주일 동안 흘려졌으며, 이 일로 프랑스에서의 프로테스탄트 운동은 거의 전멸해 버렸습니다. 교황은 이 일의 기념으로 모든 카톨릭 교도들에게 로사리오 기도를 드리게 했습니다. 승리를 가져다 준 동정녀 마리아에게 감사하는 기도를 말입니다.
* 이들 프랑스의 프로테스탄트들을 "위그노"라 부름.
그들의 다음 표적은 영국이었습니다. 로마카톨릭은 잃어버린 영국 땅을 찾기 위해 상당한 노력을 기울였습니다... 예수회는 스파이들을 보내 영국을 차지할 수 있는 핵심 요소를 파악했습니다. 그것은 오리겐이 만든 알렉산드리아 계열 사본을 영어 성경으로 번역하는 것이었습니다. 이 일은 1582년에 추진되었습니다.
그들은 예수회 성경을 만들어 영국으로 가져왔습니다. 하지만 영국인들은 이를 거절했습니다.

로마의 분노는 극에 달했습니다.

1588년에는 스페인의 무적함대를 보내 영국을 치려 했지만, 영국 해군과 강풍으로 인해 크게 패했습니다. 영국은 로마카톨릭으로 되돌리고자 했던 그 계획으로부터 보호를 받은 것입니다.
1603년에 제임스왕이 영국의 왕이 되었습니다. 그는 영국 국민들을 위해 새로운 성경이 번역될 필요를 느꼈습니다.

이 일을 위해서 제임스왕은 위원회를 소집했습니다. 하나님께서 예비하신 48명의 학자들이 모였는데, 이들은 세상이 일찍이 보지 못했던 위대한 학자들이었습니다.

먼저, 그들은 필사본들을 모았습니다. 수많은 필사본들이 수집되었는데, 대부분은 안티옥 계열인 정확한 필사본들이었습니다. 그것들은 서로가 98%나 일치합니다. 그들은 오리겐이 이집트에서 만든 필사본들은 구약이나 신약이나 거절했습니다. 왜냐하면 그것들은 심히 변개된 것들이었기 때문입니다. 그들이 거절한 것들 중에는 다음의 것들도 있습니다.

- 로마카톨릭의 라틴 벌게이트와 1582년에 만들었던 예수회 성경(림즈 성경)
- 70인경(헬라어로 된 구약성경)

구약성경의 경우에는 유대인들이 사용하는 것과 똑같은 필사본을 선택했습니다. 그 필사본을 보통 "맛소라 원문"이라고 합니다. 그들의 선택이 옳았다는 것은 세월이 흐른 후에 증명되었습니다.

1947년에 "사해 사본"이라 불리는 고대 두루마리 성경들이 발견되었습니다. 그 중 이사야서 두루마리를 살펴본 결과, 그것은 "맛소라 원문"과 같았습니다. 킹제임스성경이 맛소라 원문을 선택한 것은 옳았습니다.

킹제임스성경이 나왔을 때 모든 것들은 완벽하게 준비되어 있었습니다. 수년간의 번역 작업 후, 드디어 1611년에 이 위대한 걸작품이 탄생했습니다. 이제 모든 사람들은 하나님의 말씀을 가질 수 있게 되었습니다.

흥미로운 사실은, 영국과 미국이 이 성경을 존중하는 동안 하나님께서는 이들 나라들을 복주셨다는 것입니다.

성경 역본들과 필사본들에 대한 더 자세한 정보가 필요하면 〈성경 역본에 관한 질문들에 대한 대답, *Answers to Your Bible Version Questions*〉(David W. Daniels 지음)과 웹 사이트 http://www.chick.com/information/bibleversions/를 참조할 것.

그러다가 1875년에 킹제임스성경을 "개정"해야 한다는 목소리가 영국에서 일어나게 되었습니다. 이에 대해 강하게 요구한 사람들은 영국의 로마카톨릭 주교인 뉴만의 동료들이었는데, 뉴만은 예수회에서 교육받은 사람이었습니다.
지금 우리가 하고 있는 일은 이 위원회 밖에 있는 사람에게는 비밀로 해야 합니다!
곧 새로운 위원회가 만들어졌습니다. 하지만 일은 매우 이상하게 진행되었습니다... 모든 것들이 일급 비밀로 진행되었으며, 20년에 걸친 신구약 성경의 개정작업은 사실상 킹제임스성경에 대한 "개정"이 아니었습니다. 그들은 다른 필사본들을 사용하여 성경을 완전히 바꿔 놓은 것입니다.
이 위원회에서 특히 중요한 인물은 홀트와 웨스트코트인데, 그들은 영국 국교회 소속이었지만, 로마카톨릭 교회에서 은밀한 지원을 받고 있었습니다. 그들의 영향력은 다른 위원들에게 매우 크게 미쳤습니다.
F.J.A. HORT(1828-1892)
B.F. WESTCOTT(1825-1901)
그들은 바티칸*에 있는 고대 사본(오리겐이 변개시킨 사본에서 나온 것)이 안티옥 계열 필사본들보다 훨씬 신뢰할 만하다고 위원회를 설득했습니다. 배교를 향한 치밀한 작업이 아닐 수 없습니다(이사야 30:1-3).
그들은 결국 하나님의 말씀을 던져 버리고, 로마카톨릭의 라틴 벌게이트에서 새로운 영어 성경을 만들어 내었습니다. 예수회의 작업은 참으로 치가 떨리는 것이었습니다.
G.A. 립링거 저 〈뉴에이지 성경역본들, New Age Bible Versions〉 참조 (칙 출판사 보급, 말씀보존학회 번역 출간)
* 로마 시 외곽에 있는 로마카톨릭의 총 본산
중요한 것은 세상의 모든 대학들이 이 성경을 수용해 버렸다는 것입니다.
로마카톨릭은 250여 년 간이나 킹제임스성경에 해를 입히고자 했습니다. 그러던 것이 홀트와 웨스트코트의 도움으로 이루어진 것이지요.
그들은 자기들이 한 짓이 무엇인지 알지 못하나요?
물론입니다, 게리. 이 두 명의 헌신된 마리아(하늘의 여왕) 숭배자들* 때문에 로마는 크게 승리한 것이지요.
* "Which Bible?" by David Otis Fuller, Institute For Biblical Textual Studies, 6010 28th ST. SE, Grand Rapids, MI 49546
지난 80년 동안 81종이나 되는 영어 성경들이 번역되었습니다. 물론 모두 오리겐의 *변개된 본문에서 번역된 로마카톨릭 성경들이죠. 이들은 한 가지, 킹제임스성경을 제거하기 위해 만들어졌습니다.
곧 적그리스도의 길을 예비하기 위한 에큐메니칼 성경(모든 종교를 위한 단일 성경)이 만들어질 것입니다.
이런 일이 오늘날에도 여러 신학대학에서도 진행되고 있습니다. 게리, 당신에게도 일어났고요.
* 시내 사본과 바티칸 사본은 모두 유세비우스가 복사한 50권의 성경 중 하나이다.

예언에 따르면, “대환란”* 기간 동안 세상의 모든 종교들은 하나의 거대한 세계 교회 안으로 연합될 것입니다. 이것이 바로 요한계시록 17장에 예언된 “창녀” 교회입니다. 이 일은 “에큐메니칼 운동”이라 불리는 사탄의 걸작품을 통해 이루어질 것입니다.
* 마태복음 24장
오벨리스크*
이 일의 중요한 징조 중 하나는 대부분의 개신교 단체의 지도자들이 이미 교황을 방문하고 있다는 것입니다... 모든 것은 서서히 진행되고 있습니다.
* 바티칸 성 베드로 광장에 프리메이슨의 상징물이 서 있다는 사실이 놀랍지 않습니까?
대환란이라는 이 끔찍한 7년 동안 종교재판이 다시 시작되어, 환란 성도들을 무참히 죽일 것입니다. 적그리스도는 이 거대 교회를 발판삼아 세상의 지도자로서 권력을 행사할 것입니다.
그러나 시간이 지나면 적그리스도에게 이 교회는 더 이상 필요없게 되므로, 그는 이 교회를 없애 버릴 것입니다. *『슬프도다, 슬프도다, 큰 도성 바빌론이여 견고한 도성이여! 일시에 너의 심판이 임하였구나』
(요한계시록 18:10)
크루세이더 시리즈 제5권 〈대환란〉 30쪽 참조
오늘날 많은 신학대학의 교수들은 알렉산드리아 이단들*입니다. 그래서 그들은 킹제임스성경을 로마카톨릭 라틴 벌게이트 성경과 같은 헬라어와 영어 성경들로 바꿔 버리려고 합니다.
자, 이 부분이 헬라어에서는 이렇게 되어 있죠...
자연히 학생들은 성경에 대한 믿음을 잃게 되고, 설교자가 되더라도 능력 없는 설교자가 되는 것입니다.
* 하나님께서 영예롭게 하신 킹제임스성경을 알렉산드리아 계열의 헬라어 필사본들로 고치는 자들을 말함.
이러한 명언이 있습니다. “우리는 하나님의 말씀을 바로잡을 수 없다. 그 말씀이 우리를 바로잡으신다.”
오, 하나님! 정말로 속았군요! 이제 나는 무얼 해야 하죠?... 예수님께서 오실 날도 가까웠는데...
게리, 자네가 예수님을 높인다면, 하나님께서는 사람들을 그분께 이끄실 걸세.*
그게 무슨 말이죠?
* 요한복음 12:32

게리, 당신에겐 하나님의 말씀이 있습니다. 성경을 보십시오! 사람들에게 예수님은 전능하신 하나님*이라고 말하십시오... "하나님의 말씀" 이신 그분은 또한 온 우주의 창조주십니다. 그분은 하나님이시지만 하늘 나라를 떠나서 스스로를 낮추시어 인간 육신으로 태어나셨습니다. 이 일을 위해 하나님께서 선택하신 그릇이 바로 처녀** 마리아입니다.
* "태초에 말씀이 계셨고, 그 말씀이 하나님과 함께 계셨으니, 그 말씀은 하나님이셨느니라. 그 말씀이 태초에 하나님과 함께 계셨느니라. 만물은 그에 의하여 지은 바 되었으며, 이미 지음받은 것 가운데 그가 없이 지어진 것은 아무것도 없더라... 그가 세상에 계셨고 세상이 그에 의하여 지은 바 되었으나 세상은 그를 알지 못하더라." (요한복음 1:1-3,10)
** "그러므로 주께서 친히 한 표적을 너희에게 주시리라. 보라, 한 처녀가 임신하여 아들을 낳으리니 그의 이름을 임마누엘이라 하리라." (이사야 7:14)
예수님께서는 이 잔인한 세상에 사랑을 가르쳐 주셨습니다... 예수님께서는 사람들의 죄를 들춰내셨으며, 그들이 구원받지 못한 죄인이라는 사실을 알려 주셨습니다.
뿐만 아니라, 자신이 구세주이심을 보여 주셨습니다. 예수님께서는 이렇게 말씀하셨습니다. "나는 길이요 진리요 생명이라. 나로 말미암지 않고는 아버지께로[즉, 하늘 나라로] 올 사람이 아무도 없느니라" (요한복음 14:6).
예수님께서는 당신을 사랑하셨기 때문에, 당신의 죄들로 인해 십자가에서 스스로 제물이 되셨습니다. 예수님께서는 당신을 위해 찢겨지셨으며* 당신의 죄들을 씻어 없애시기 위해 그 귀한 피를 흘려 주셨습니다.
*크루세이더시리즈 제8권 〈위대한 선물〉에서 십자가 형에 대한 의학적인 설명 참조
"하나님께서 세상[즉, 당신]을 이처럼 사랑하셔서 그의 독생자[즉, 예수 그리스도]를 주셨으니, 이는 그를 믿는 사람은 누구든지 멸망하지 않고[즉, 지옥에 가지 않고] 영생[즉, 하늘 나라]을 얻게 하려 하심이니라" (요한복음 3:16).
이런, 이런... 내가 이처럼 어리석게 행하다니! 이 모든 것을 알면서도 이렇게 살다니...
3일 후에, 예수님께서는 부활하셨습니다. 예수님은 하늘로 올라가셨고, 지금도 살아 계십니다. 하나님 아버지의 오른편에 앉아 계시며, 이 땅으로 다시 돌아오실 준비를 하고 계십니다. 그분이 다시 돌아오시면, 예루살렘 성에서 온 땅을 통치하실 것입니다.
나의 이 모든 악한 일들을 예수님께서 용서해 주실까요? 그분은 다시 나를 받아 주실까요?

물론입니다. 예수님께서도 인간의 육신을 입으셨을 때에는 우리 모든 사람처럼 시험을 받으셨습니다.
그러나 죄를 짓지는 않으셨지! 그분은 하나님이시기 때문에 죄를 짓지 않으셨다네. 대신 그분이 시험을 당하셨기 때문에, 시험당하는 우리를 이해하고 도와주신다네.
요한일서 1:9 말씀을 들어보게. "우리가 우리 죄들을 자백하면 그는 신실하시고 의로우셔서 우리 죄들을 용서하시며, 모든 불의에서 우리를 깨끗하게 하시느니라."
주님은 자네가 다시 그런 죄를 짓지 않기를 바라시지.
결코, 그러지 않을 겁니다. 팀, 나는 타락한 삶이 얼마나 비참한지 알아요.
이제 다시금 하나님의 말씀을 읽고 또 믿을 것입니다.
게리, 그 결심은 모든 그리스도인들의 결심과 같다네. 다시 자네는 존경받는 기독교 지도자라는 사람들을 만날 것이네. 그들은 자네를 비난하며 자네를 쓰러뜨리려 할 거야.
당연히 그렇겠죠!
하지만 기억하게, 게리. 모든 사람이 죄인이라네. 자네를 비난하는 말들에
개의치 말게.* 자네가 신뢰할 분은 오직 주 예수 그리스도라는 사실을 확신하게... 그분은 결코 자네를 쓰러뜨리지 않으신다네.
* "나의 어린 자녀들아, 내가 이런 것들을 너희에게 쓰는 것은 너희로 죄를 짓지 않게 하려는 것이라. 그러나 만일 누가 죄를 지으면 우리에게 아버지와 함께 있는 한 변호인[우리를 지지해 주고 우리를 위해 간구하시는 분]이 있으니, 곧 의인이신 예수 그리스도시라"(요한일서 2:1).
이제 다시 성경대로 믿는 그리스도인이 되었어요! 이런 만남을 주신 하나님께 감사합니다... 내 생애를 변화시켜 주셨어요... 아참, 이런... 물어볼 게 있습니다.
뭐지, 게리?
여기 머리 잘 깎는 이발소가 어디 있는지 아세요?
끝